CONSEIL DE PRÉFECTURE DE MEURTHE-ET-MOSELLE

GÉNIE MILITAIRE

PLACE DE TOUL

CONSTRUCTION

DU

FORT D'ÉCROUVES

Eugène OUDIN, entrepreneur de travaux publics

CONTRE

M. le Préfet de Meurthe-et-Moselle, représentant l'État

REQUÊTE INTRODUCTIVE D'INSTANCE

CONSEIL DE PRÉFECTURE DE MEURTHE-ET-MOSELLE

GÉNIE MILITAIRE

PLACE DE TOUL

CONSTRUCTION

DU

FORT D'ÉCROUVES

Eugène **OUDIN**, entrepreneur de travaux publics

CONTRE

M. le Préfet de Meurthe-et-Moselle, représentant l'État

REQUÊTE INTRODUCTIVE D'INSTANCE

CONSEIL DE PRÉFECTURE DE MEURTHE-ET-MOSELLE

Eugène OUDIN, entrepreneur de travaux publics

CONTRE

M. le Préfet de Meurthe-et-Moselle, représentant l'État

REQUÊTE INTRODUCTIVE D'INSTANCE

EXPOSÉ

Six ans se sont écoulés depuis que les entrepreneurs de travaux publics ont été convoqués par le service du génie, à l'effet de concourir aux adjudications des travaux de fortification jugés indispensables à la défense du pays.

Ces travaux étaient à peine commencés que la guerre parut imminente. Le service du génie fit alors un appel patriotique à ses entrepreneurs et leur demanda, non-seulement d'apporter dans la conduite des travaux une activité tout à fait anormale, mais encore de modifier la marche adoptée dans l'exécution des ouvrages.

Les entrepreneurs entraînés par les officiers, par le ministre et par le chef de l'État, répondirent à cet appel en remettant la direction des chantiers à MM. les Officiers.

Mais l'activité fébrile imprimée aux travaux fut une cause de dépenses excessivement onéreuses et il ne put jamais entrer dans l'esprit des contractants, lors des adjudications, que de pareilles charges leur seraient imposées, puisqu'on prévoyait une exécution de trois ans et, dans certains forts, de six ans.

De plus, cette rapidité extraordinaire a mis les entrepreneurs dans l'impossibilité de conduire avec intelligence leurs divers ateliers et d'employer d'une façon habile, judicieuse et économique, les hommes et les choses de leurs entreprises. Ce sont là pourtant les sources les plus certaines de bénéfices, et il faut bien reconnaître que la marche adoptée dans l'exécution des ouvrages, imposée par le service du génie, pour répondre à des nécessités d'ordre supérieur, a occasionné aux entrepreneurs dont les Officiers avaient complétement anéanti l'initiative, des pertes considérables dont il doit leur être tenu compte.

D'un autre côté, la mise en train simultanée de presque tous les ouvrages a produit une pénurie d'ouvriers qui s'est traduite par une surélévation de près de 50 p. 100 dans les salaires, établie et consentie par les Officiers eux-mêmes qui, désirant arriver plus vite, s'arrachaient les maçons et les faisaient demander partout ou même les embauchaient sur les chantiers à des prix allant, pour le fort d'Écrouves notamment, jusqu'à 54 p. 100 au-dessus de ceux prévus au bordereau.

L'insuffisance numérique des Officiers chargés de la direction a été aussi la cause première d'erreurs nombreuses et d'irrégularités dans les décomptes, car on ne put que très-rarement relever les attachements indispensables à l'établissement d'un décompte régulier et indiscutable.

On comprend dès lors qu'à la fin de chaque exercice, des réclamations nombreuses et importantes aient été adressées à l'administration du génie par les entrepreneurs.

Mais les dépenses prévues ayant été de beaucoup dépassées, cette administration n'a pas voulu en faire l'aveu aux commissions de finance, et elle a dû prescrire aux Officiers de s'opposer par tous les moyens à l'admission des demandes qui lui seraient faites, afin qu'elle pût les rejeter, car on ne saurait s'expliquer autrement le rejet systématique de toutes les réclamations.

Les entrepreneurs lésés dans leurs intérêts, n'ayant pu obtenir aucune satisfaction de l'administration supérieure, se sont adressés de guerre lasse à la Chambre des députés et ont remis entre les mains de M. le président de la Commission du compte de liquidation, un dossier contenant les preuves des faits ci-dessus relatés, lesquels étaient ainsi résumés :

« Des craintes de guerre ont subitement, en 1875, troublé toutes les con-
« ceptions. Une vitesse sans mesure a été imposée aux entrepreneurs : plus
« d'économie industrielle possible, et par surcroît, obligation de tripler le
« matériel et les moyens d'action ; — embauchage coûte que coûte, sur tous
« les points ; — menaces constantes de mise en régie ; — exécution en temps
« de neige et de gelée ; — élévation des prix de main-d'œuvre à des taux
« inconnus jusque-là.

« Messieurs les Officiers ont été débordés. Témoins des dépenses entraî-
« nées par leurs ordres, ils ont marché pendant 18 mois à coup d'argent et
« de promesses, chacun ne songeant qu'à arriver premier. Ils ne tenaient ni
« les inscriptions, ni les attachements prescrits par le cahier des charges
« pour la sauvegarde des droits des parties ; les contrats n'existaient plus :
« c'était la fièvre.

. . . .

« Devant les conseils de préfecture, quand on y arrive, ce ne sont qu'ater-
« moiements et moyens dilatoires. Les expertises sont repoussées avec une
« insistance trop facile à expliquer. Les contrats et les conventions enche-
« vêtrées donnent lieu à des interprétations qui varient suivant les besoins
« de chaque cause. Tous les moyens sont bons pour étouffer la lumière et
« éloigner l'apurement des comptes. »

La Commission du compte de liquidation, sous la présidence de M. le président de la Chambre, a entendu les pétitionnaires, puis elle a convoqué
M. le Directeur général du génie, plusieurs Officiers et M. le Ministre de la
guerre. Les pétitionnaires ont déposé des faits ci-dessus rappelés, en appuyant
leurs déclarations de pièces dont aucune n'a été démentie et qui font désor-
mais partie des documents parlementaires.

Il est résulté de cette démarche une décision prise par le Ministre, de ne
plus s'opposer aux expertises demandées par les entrepreneurs pour appré-
cier les dommages *de toute nature* qui leur ont été causés.

FAITS

—

TRAVAUX NON PAYÉS — DOMMAGES — SUPPRESSION D'INDUSTRIES

Ruine de l'entrepreneur dépossédé de sa fortune et de ses bénéfices. — Mise en liquidation de la maison de banque qui a fourni avec lui les fonds pour l'achèvement du fort. — 900,000 francs d'effets restés en souffrance. — Incapacité de travail, depuis plus de trois ans, pour le sieur OUDIN et la Banque, résultant du paiement laissé à leur charge de la moitié des dépenses faites.

L'exposé qui précède était nécessaire pour éclairer la situation et expliquer pourquoi l'entrepreneur a dû retarder jusqu'à ce jour, le dépôt de sa requête au Conseil de préfecture. Voici maintenant les faits de la cause.

Le sieur Oudin a été déclaré, le 3 août 1874, adjudicataire des travaux à faire, pendant les années 1874, 1875 et 1876, pour la construction du fort d'Écrouves, moyennant une surenchère de 9,50 p. 100 sur les prix du bordereau.

Ces travaux ont été commencés aussitôt après l'approbation de l'adjudication, donnée par le Ministre le 10 septembre 1874, et terminés dans les délais prescrits à l'entière satisfaction du service du génie.

Les paiements faits au sieur Oudin ne se sont élevés qu'à la somme de 1,660,343 fr. 74 c., représentant à peine *la moitié* de ce qu'ont coûté les travaux et de ce qui a été dépensé partout ailleurs, pour des forts de même importance.

Le 12 octobre 1876, il avait adressé à l'administration supérieure, au sujet des travaux exécutés en 1875, un mémoire s'élevant à. . . 433,724 fr. 35 c.

Le 24 décembre 1877, il en avait produit un second relatif à l'exercice 1876, montant à. 469,476 11

Ensemble. . . . . 903,200 fr. 46 c.

Le dernier avait été rejeté par décision ministérielle du 10 février 1879, c'est-à-dire comme le premier, après plus d'une année de délai.

Les deux mémoires auraient pu s'élever à un chiffre presque double, si l'entrepreneur y avait compris les dommages, — prévus au dernier paragraphe de l'article 58 du devis général, — qui lui avaient été causés par diverses mesures prises en vue d'une prochaine déclaration de guerre et tendant à terminer en quelques mois des travaux pour lesquels le cahier des charges accordait près de trois ans.

L'entrepreneur n'a pas demandé à cette époque les sommes représentant les dommages dont il s'agit, afin de ne pas mettre obstacle à l'admission des demandes principales, en indisposant contre lui MM. les Officiers du génie qui devaient nécessairement être consultés par le Ministre et qui, malheureusement, n'étaient que trop enclins à repousser les demandes les mieux justifiées. Il avait le plus grand intérêt à obtenir, promptement et à l'amiable, le paiement des dépenses et des travaux qui ne lui avaient pas été comptés en cours d'exécution, afin d'éteindre une partie de son énorme passif et de pouvoir continuer l'exercice de sa profession.

Le rejet de son mémoire relatif à l'exercice 1875 et les pertes de toute nature subies en 1876 constituaient en effet un passif formidable. Non-seulement sa fortune tout entière et les bénéfices notables que semblait assurer la surenchère de 9,50 p. 100 avaient été engloutis dans les travaux du fort, mais la maison de banque de Paris qui lui avait fourni les fonds pour achever ces travaux avait été obligée de se mettre en liquidation, au commencement de 1877, en laissant impayés 900,000 fr. d'effets escomptés par un grand établissement financier.

Le mémoire pour l'exercice 1876 ayant été repoussé comme celui de 1875, il en est résulté, pour le sieur Oudin comme pour la banque, une incapacité de travail qui dure depuis plus de trois ans. Ce nouveau refus de paiement de travaux exécutés et de dépenses faites a entraîné la suppression définitive de son industrie, de même que le refus de payer en cours d'exécution les dépenses énormes qu'occasionnaient le quasi-état de guerre et la régie effective substituée à l'initiative de l'entrepreneur, — régie toujours ruineuse en temps ordinaire et bien plus encore dans les circonstances signalées, — avait eu pour résultat la destruction du commerce de la maison de banque, trop évidemment prouvée par la cessation des affaires de cette maison et sa mise en liquidation.

Le non-paiement de la somme de 903,200 fr. 46 c., montant des travaux exécutés et non comptés, mettait l'entrepreneur dans l'obligation de réclamer, par la voie contentieuse, cette même somme, plus le montant des dommages causés sous l'influence des craintes de guerre et enfin les indemnités pour suppression de deux industries : celle dudit entrepreneur et celle de la maison de banque, vis-à-vis de laquelle le sieur Oudin est responsable, cette dernière ayant pris contre lui toutes les mesures de droit et fait toutes réserves quant à l'indemnité qui lui est due, en dehors du remboursement des 900,000 fr. d'effets souscrits restés en souffrance, ainsi que des intérêts et des frais.

L'entrepreneur a reculé le dépôt de sa requête parce que les dénis de justice, prouvés devant la Commission du compte de liquidation et subis par les entrepreneurs qui déjà s'étaient adressés aux Conseils de préfecture, l'avertissaient que, tant que durerait l'ancienne administration qui avait ses motifs pour « étouffer la lumière et éloigner l'apurement des comptes », l'expertise lui serait refusée ou qu'elle serait réduite, si elle était accordée, aux simples difficultés entre les ingénieurs et le constructeur, autrement dit à ce que comprenaient les mémoires, en sorte qu'il ne pourrait lui être tenu compte ni des préjudices provenant des craintes de guerre, ni de la mise en régie effective de ses chantiers, non plus que des désastres financiers et suppressions d'industries qui ont été la conséquence des ordres impitoyables donnés par la Direction supérieure de refuser toute satisfaction aux entrepreneurs.

Il fallait que cette Direction fût renouvelée et que les questions de principe fussent examinées et tranchées, comme elles l'ont été par le nouveau Ministre de la guerre, à la suite de l'enquête faite devant la Commission du compte de liquidation.

Dans cette nouvelle situation, l'entrepreneur vient aujourd'hui demander à M. le Président et à MM. les membres du Conseil de préfecture de vouloir bien ordonner qu'il soit procédé à une expertise contradictoire, à l'effet d'examiner et d'évaluer les préjudices de toute nature qui lui ont été causés et qu'il établit comme il suit.

SOMMES DEMANDÉES

1° Le montant des dépenses et travaux signalés dans les mémoires des 12 octobre 1876 et 24 décembre 1877, s'élevant à la somme de . . . . 903,200 fr. 46
(Sous réserve des vérifications à faire en cours d'expertise.)

Les chiffres qui composent cette somme ont été détaillés et longuement motivés dans les deux mémoires remis aux dates ci-dessus, auxquels seront ajoutés, devant les experts, les preuves et documents réunis depuis lors.

2° Les dommages résultant : — de l'activité vertigineuse que le Génie a voulu imprimer aux travaux, par suite des craintes de guerre ; — de la mise en régie effective de ces travaux ; — de l'encombrement et du désordre des chantiers ; — enfin de l'augmentation du matériel qui a dû être triplé . 599,447 fr. 25

Les dépenses supplémentaires provenant de ces diverses causes seront prouvées par des pièces indiscutables. D'ailleurs, elles le sont déjà par le fait même de l'existence des 900,000 francs de billets restés en souffrance, avec les intérêts et frais qui s'y rapportent, et par la perte de la fortune de l'entrepreneur et des bénéfices que lui assuraient son activité, son intelligence, ses connaissances techniques, ainsi que la surenchère de 9,50 p. 100. Il existe donc, en fait, un découvert réel, *en dehors de toute discussion*, qui ne s'élève pas à moins de 1,500,000 francs, et qui justifie d'avance les deux chiffres demandés de 903,200 fr. 46 c. et 599,447 fr. 25 c., formant, en total, 1,502,647 fr. 71 c. Les 599,447 fr. 25 de dommages réclamés seront justifiés, en outre, par la production de nombreux ordres de service par lesquels le génie a exigé, requis directement et maintenu sur les chantiers, malgré les protestations incessantes de l'entrepreneur, 200 maçons et leurs aides, au lieu de 30 seulement qui étaient suffisants pour exécuter, pendant les années 1875 et 1876, les 37,000 mètres cubes de maçonnerie entrés dans la construction du fort. Ce personnel, six fois trop considérable, n'a pas fait plus de travail utile que les 30 maçons réglementaires, et il a exigé un matériel triple de celui qui était nécessaire.

3° Les indemnités pour suppression d'industries équivalant à celles qu'un jury accorde à tout industriel exproprié pour cause d'utilité publique, ou qu'un tribunal allouerait pour incapacité de travail depuis plus de trois ans . . . . 800,000 fr. 00

Ce chiffre de 800,000 francs n'a rien d'exagéré, si on le compare aux indemnités accordées par les jurys aux commerçants ou industriels qui, par suite d'expropriation, sont plus ou moins lésés dans leurs intérêts ou mis hors d'état d'exercer leur profession, ou bien à celles qu'accordent les tribunaux à la suite d'accidents de chemins de fer ayant occasionné des incapacités de travail. Il n'y a ici ni accident, ni expropriation légale, mais des craintes de guerre qui ont produit les mêmes résultats que la guerre elle-même : une expropriation de fait et des incapacités de travail. Ce sont donc, en réalité, des dommages de guerre qui sont réclamés.

Il est à peine nécessaire de rappeler ici les causes multiples de ces dommages. Les Officiers débordés voulant faire en quelques mois des travaux qui devaient durer trois ans; le désir de chacun de prouver son zèle et d'arriver premier, en exécutant le plus rapidement et au plus bas prix les travaux à lui confiés; la régie organisée sans les formalités protectrices édictées par le devis général; l'entrepreneur réduit au rôle de caissier, voyant, comme en temps de guerre, consommer sa ruine sans pouvoir l'empêcher; les devis dépassés dans des proportions inconnues jusqu'alors, et l'administration supérieure prescrivant de rester dans les limites de ces devis, pour les dépenses à porter en compte, et de laisser ainsi les excédants à la charge de l'entreprise.

Les faits sont surabondamment prouvés; les préjudices réels, **constatés par les découverts,** se sont élevés pour le fort d'Écrouves, à plus de 1,500,000 fr. et, faute de cette somme, l'entrepreneur et la maison de banque qui lui a prêté son concours, sont depuis plus de trois ans réduits à l'impuissance. Le sieur Oudin est responsable vis-à-vis de la maison de banque; celle-ci n'attend que la fin de l'instance qui s'engage aujourd'hui pour attaquer, à son tour, l'entrepreneur. Le chiffre de 800,000 francs n'est qu'une évaluation modérée de ce double dommage de guerre. Un jury d'expropriation n'accorderait pas moins pour la suppression de deux industries aussi importantes, ainsi qu'il sera démontré par les précédents établis en pareille matière.

Montant des sommes demandées. . . 2,302,647 fr. 71

CONCLUSIONS

En conséquence, l'entrepreneur conclut à ce qu'il plaise au Conseil de préfecture :

Lui allouer la somme de 2,302,647 fr. 71 c. formant la différence entre le chiffre de 1,660,343 fr. 74 c. payé par l'administration et celui de sa créance contre l'État ;

Avec les intérêts à partir du jour du dépôt de la présente requête ;

Ou ordonner, avant faire droit, que les divers chefs de cette requête seront soumis à l'examen de trois experts désignés, l'un par le sieur Oudin, l'autre par M. le préfet de Meurthe-et-Moselle, et le troisième par le Conseil de préfacture.

Nancy, le 14 juin 1880.

Eugène OUDIN

Nancy, imprimerie Berger-Levrault et Cie.

NANCY. — IMPRIMERIE BERGER-LEVRAULT ET Cie.